I0485165

By Eric Morris

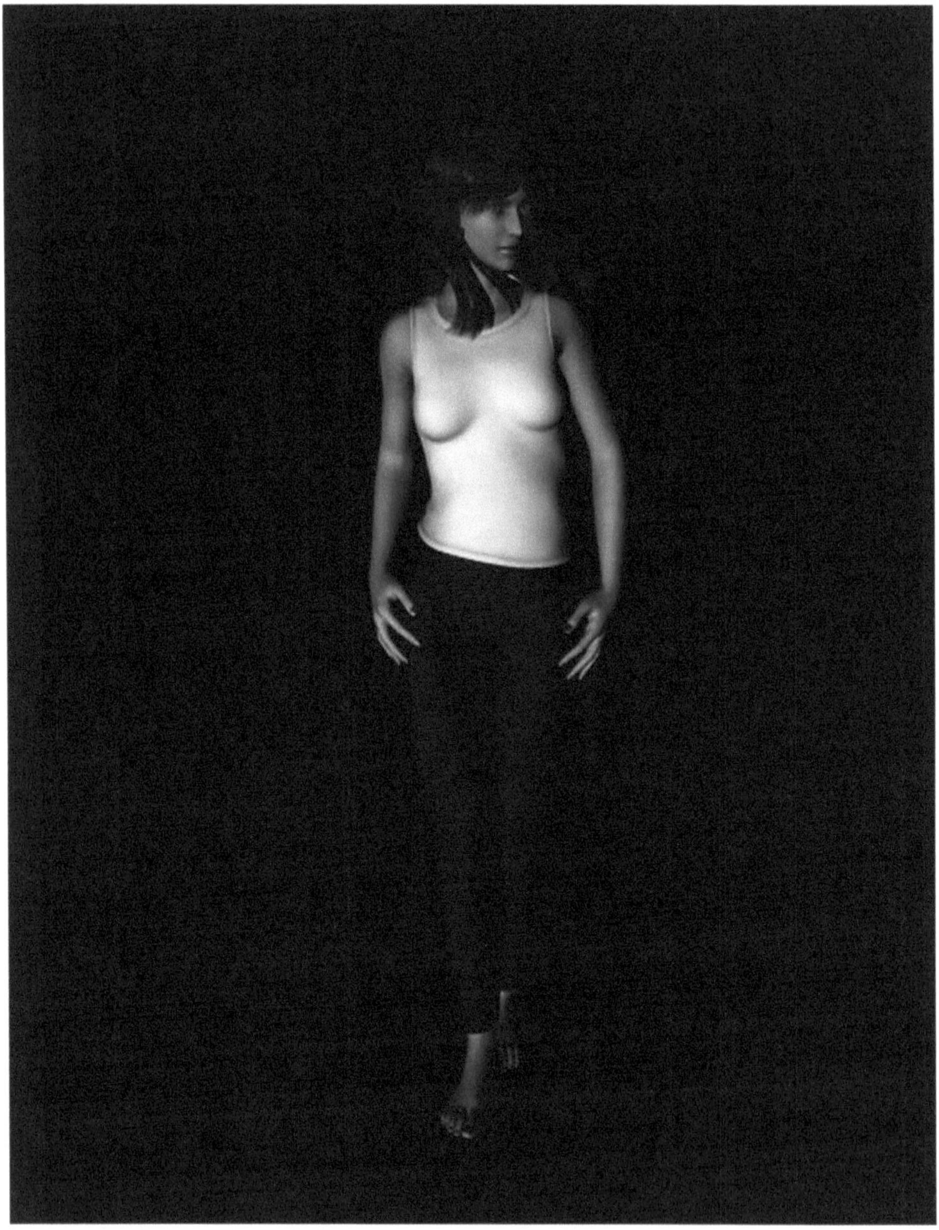

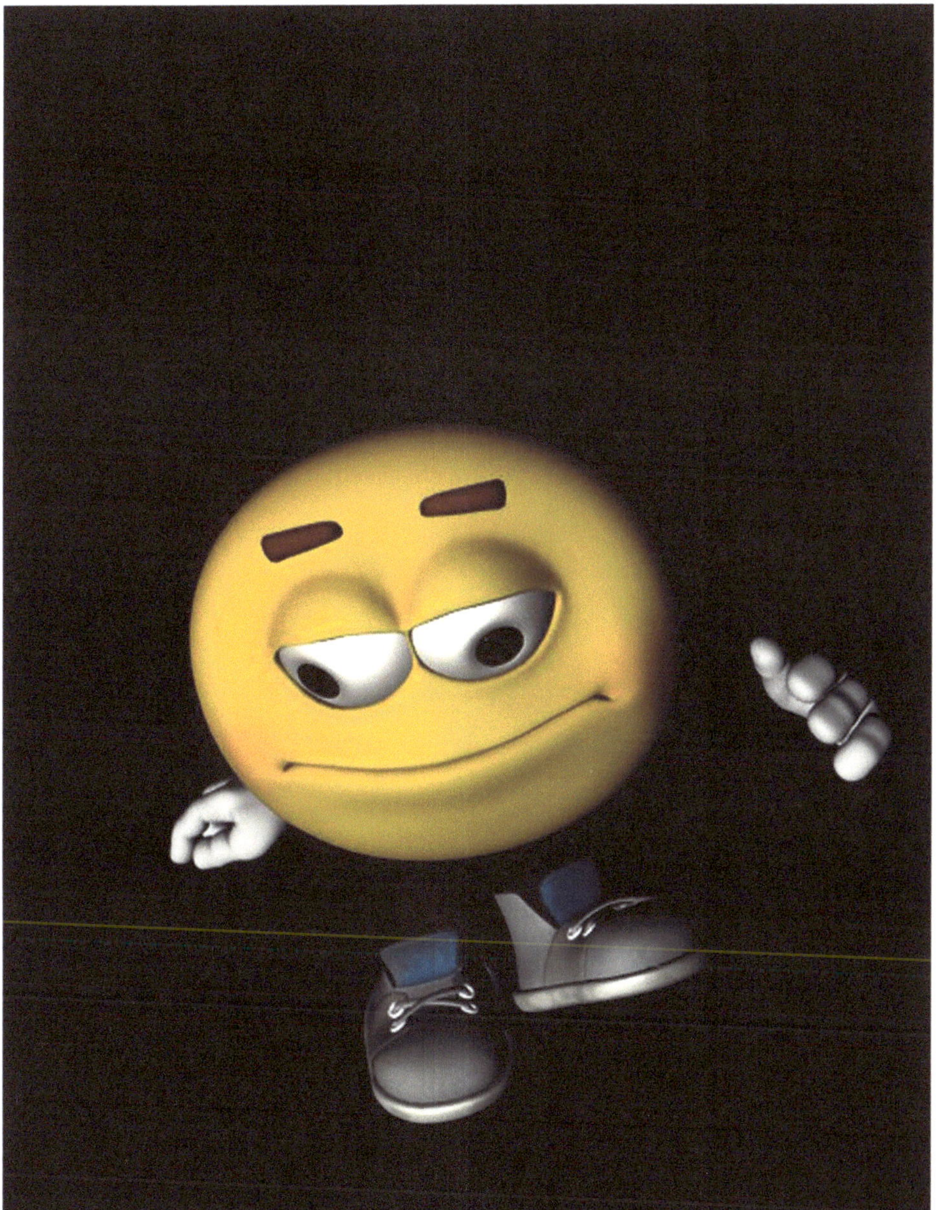

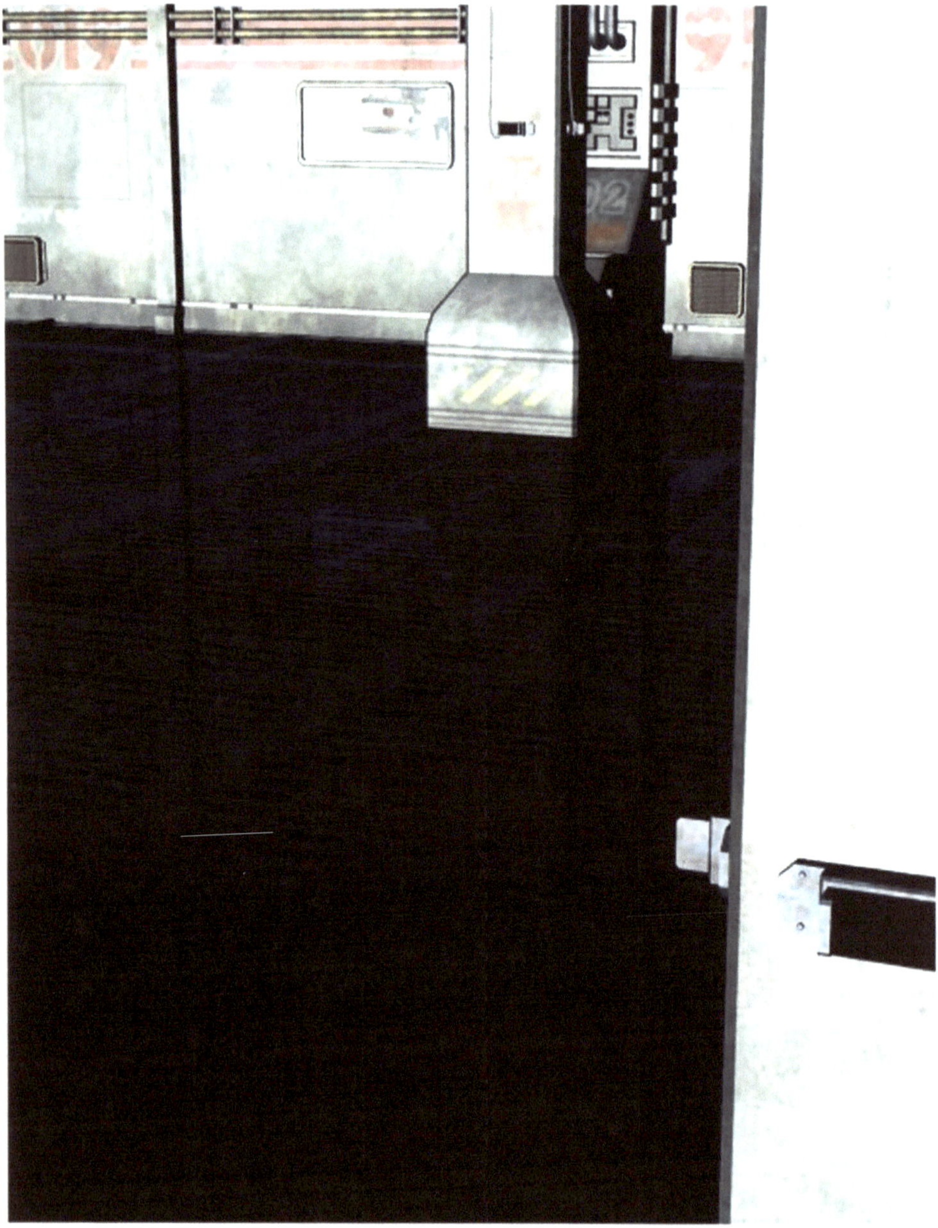

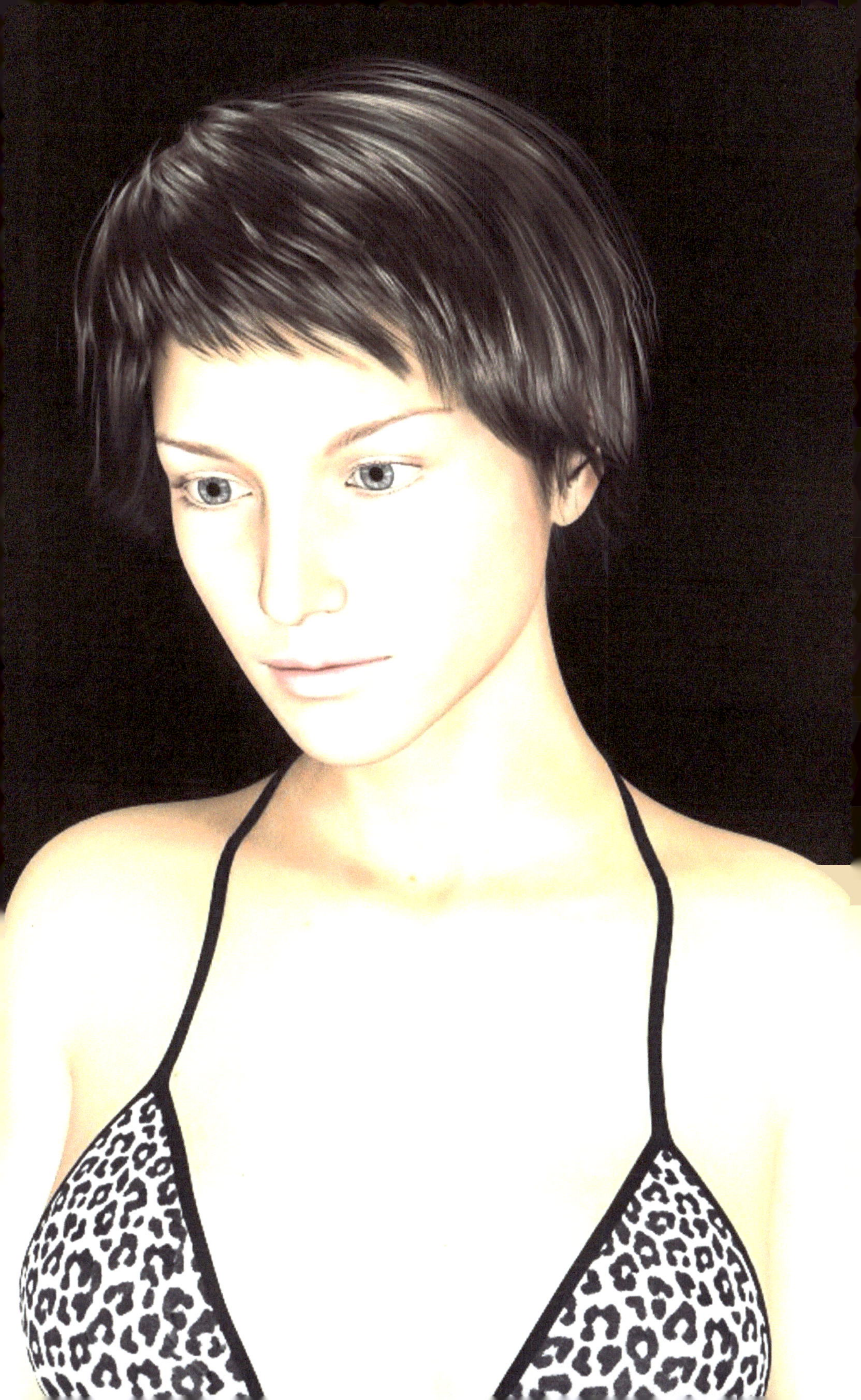

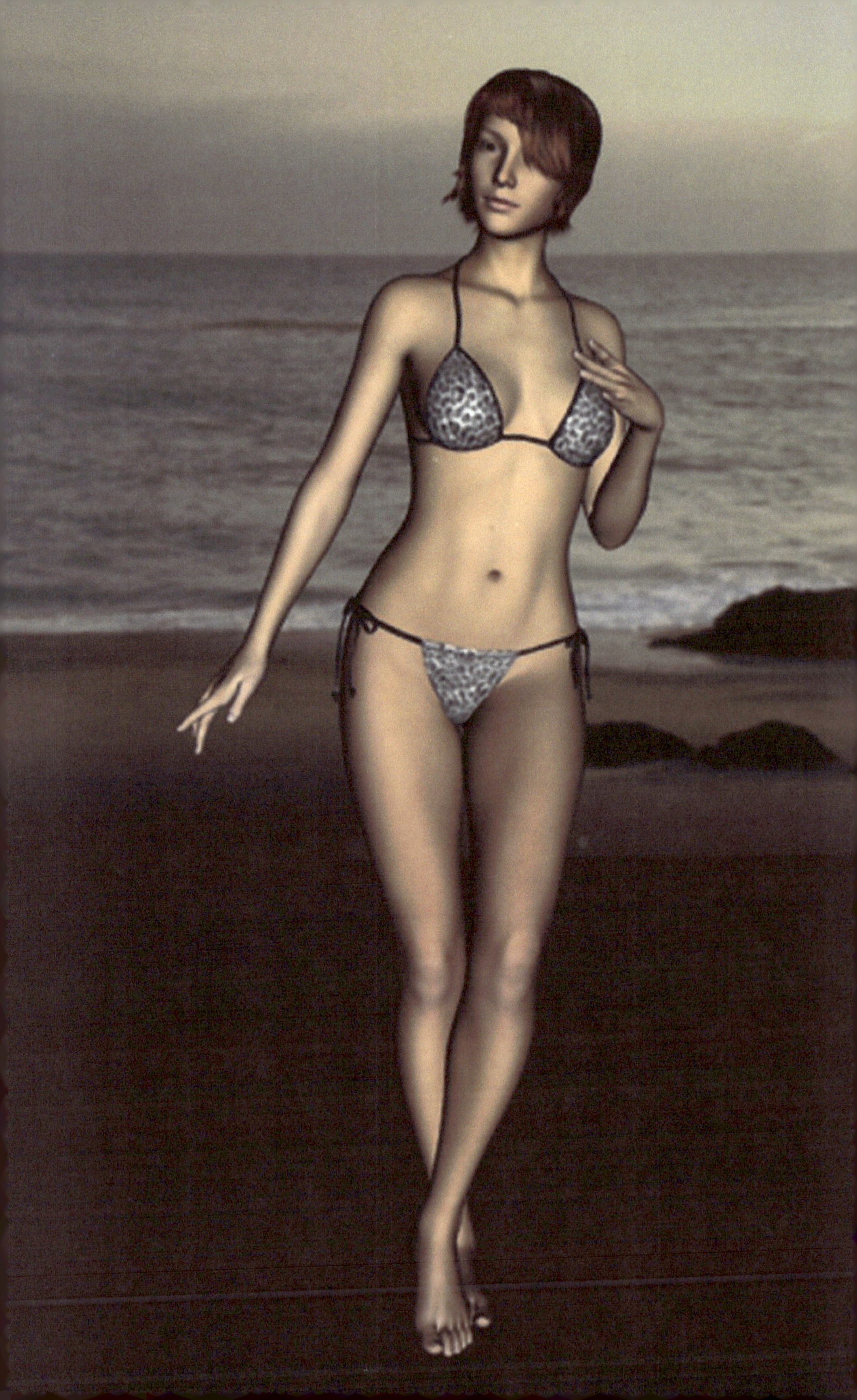

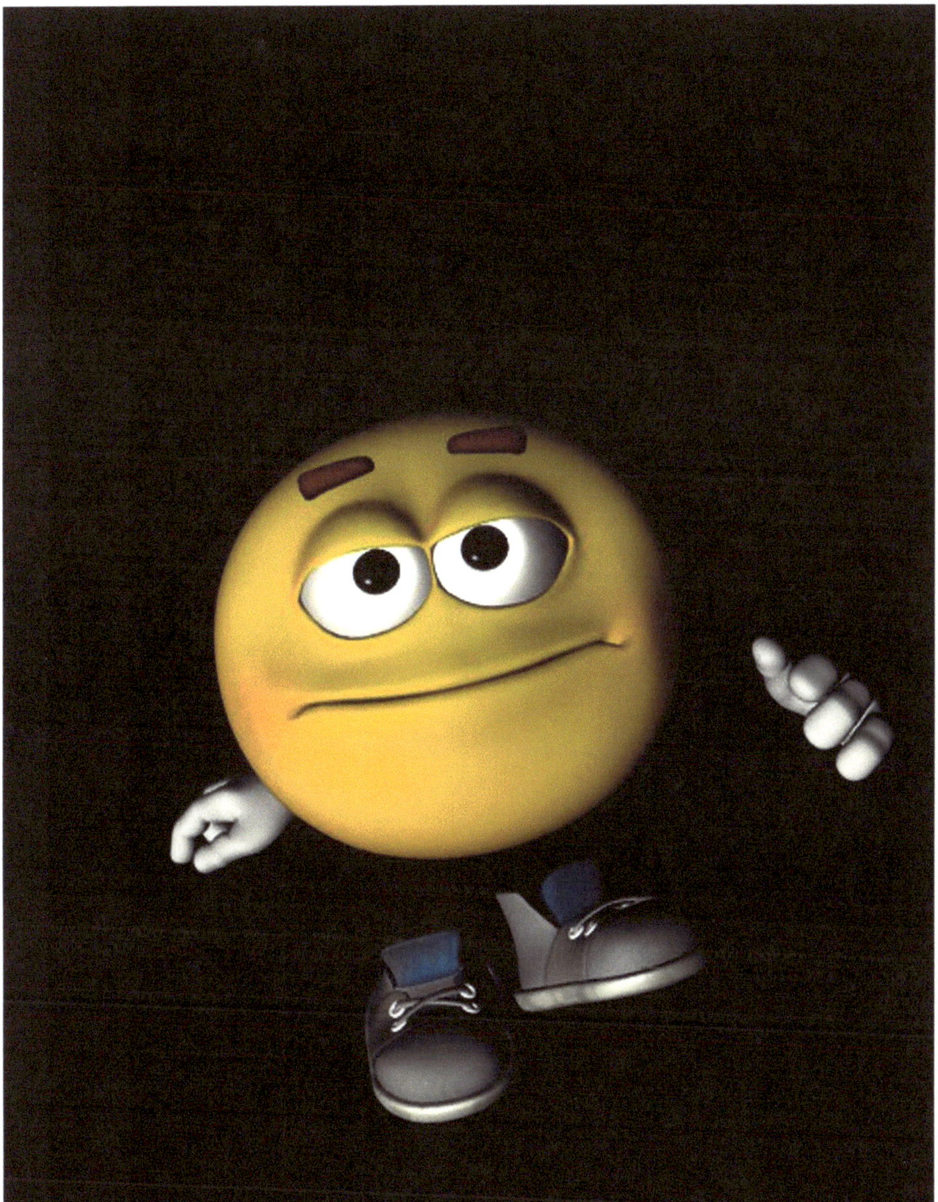

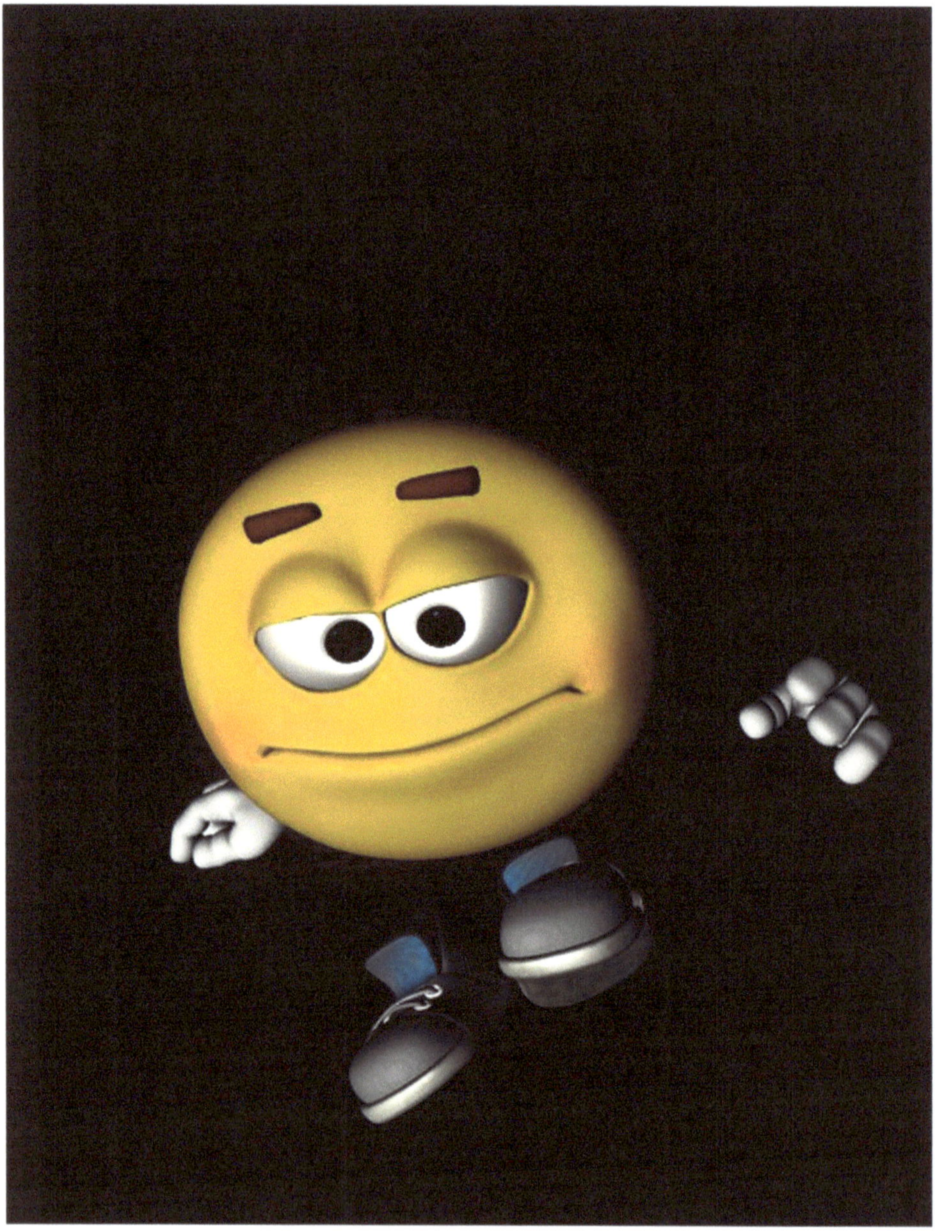

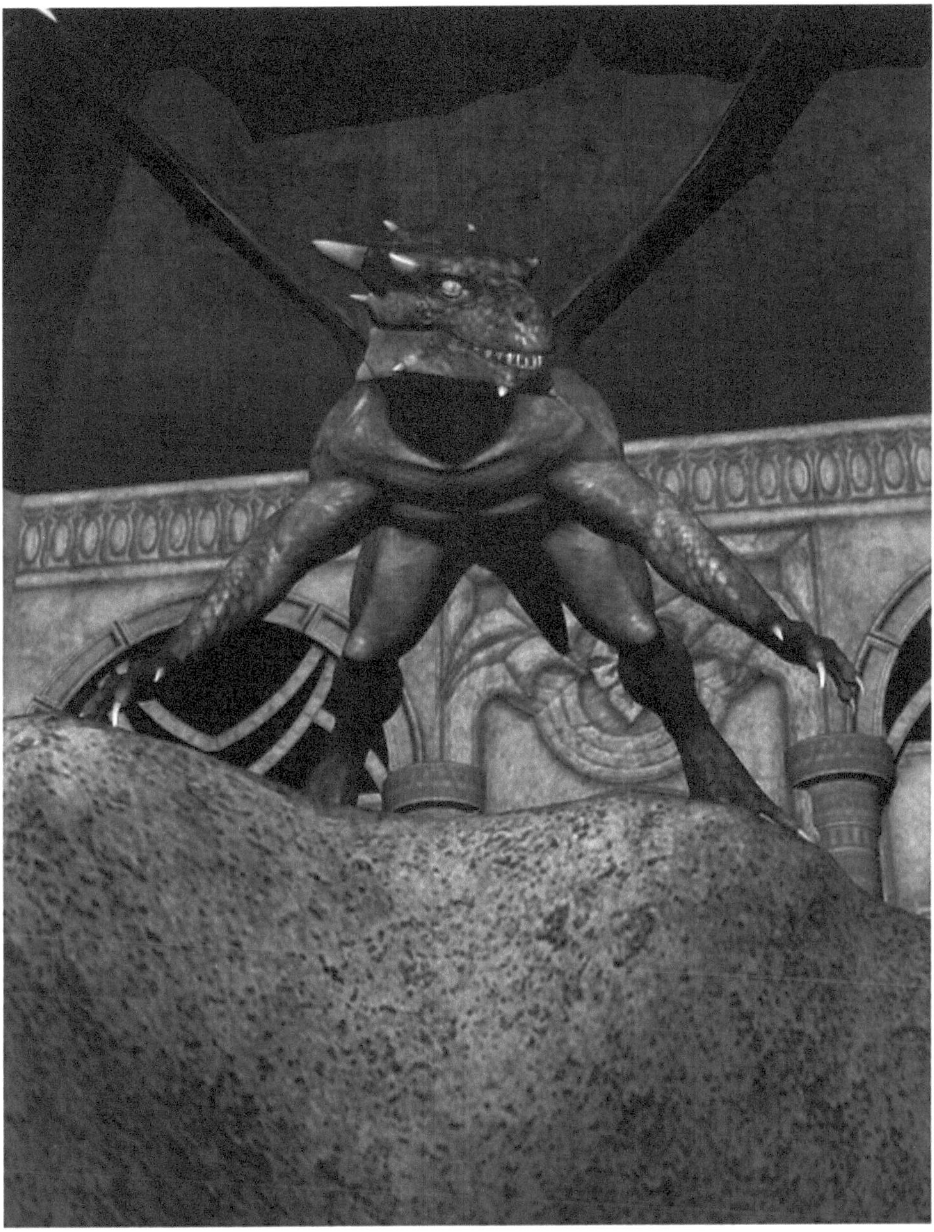

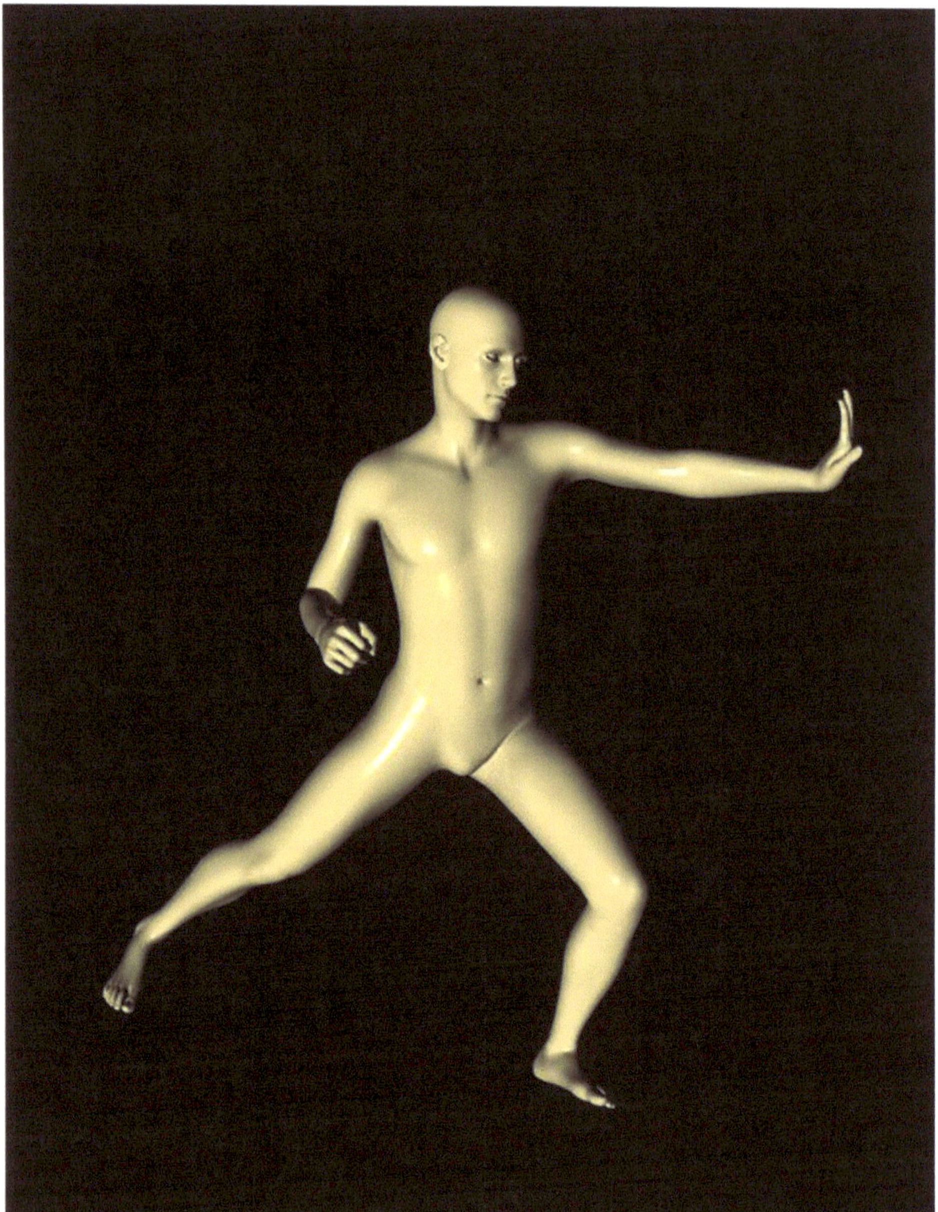

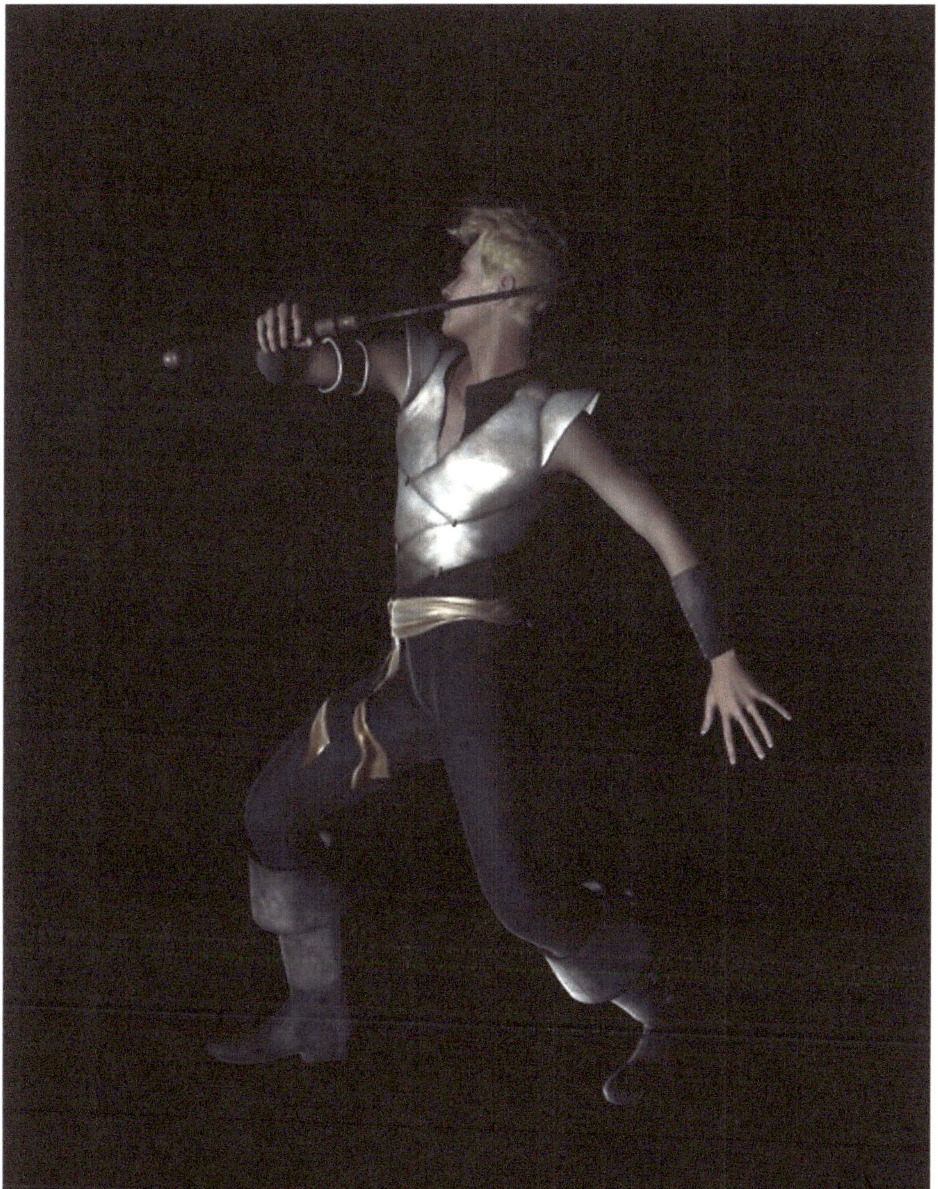

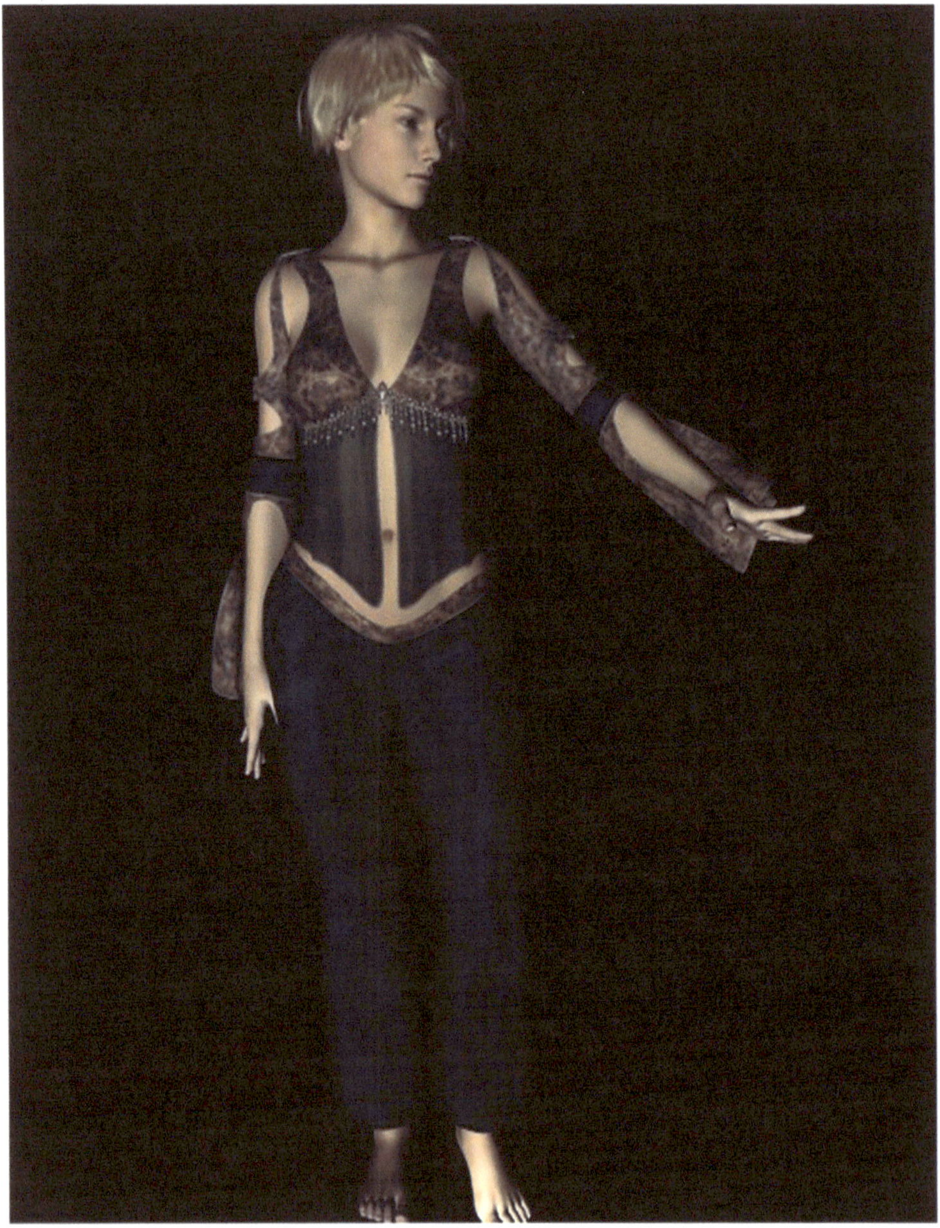

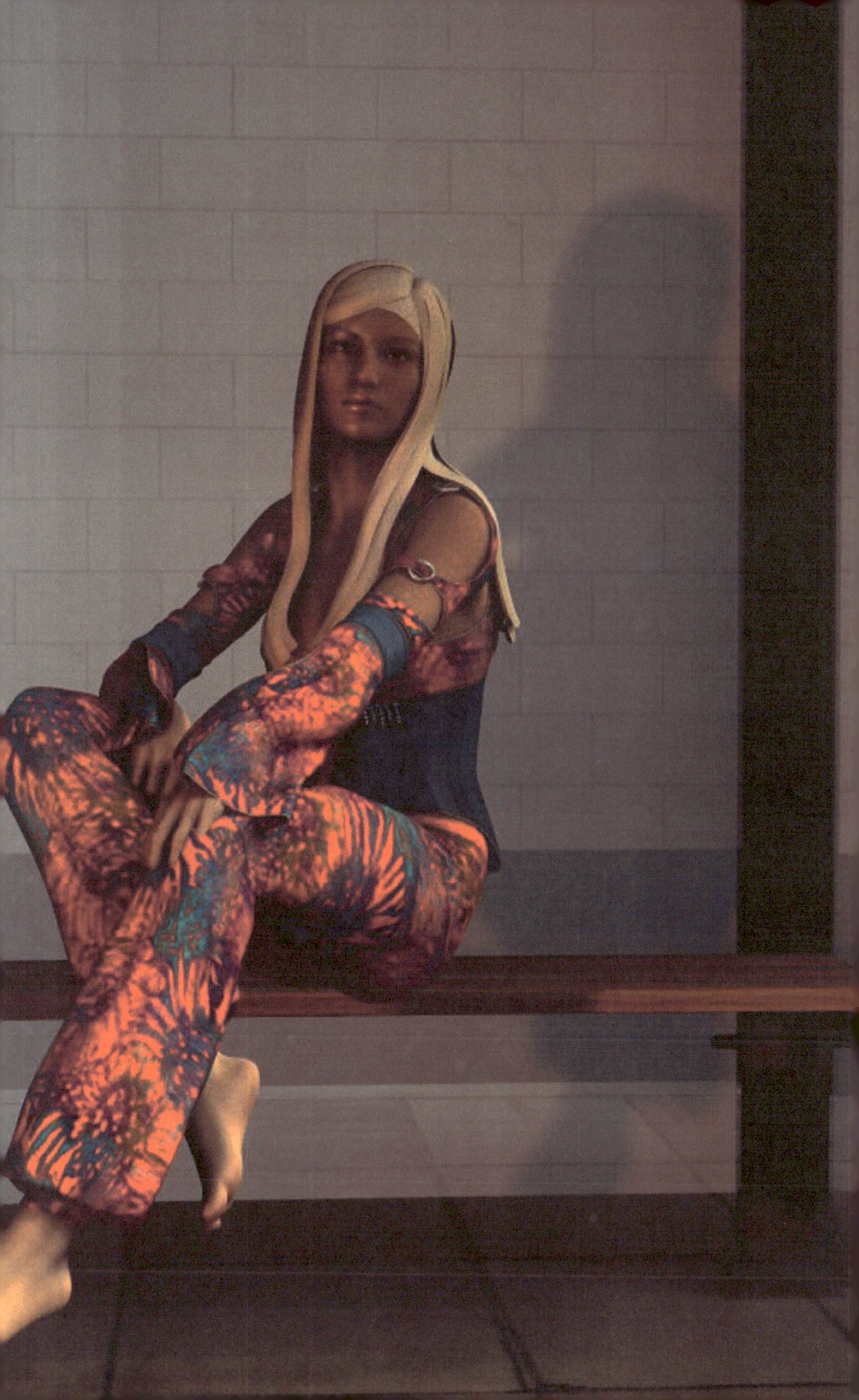

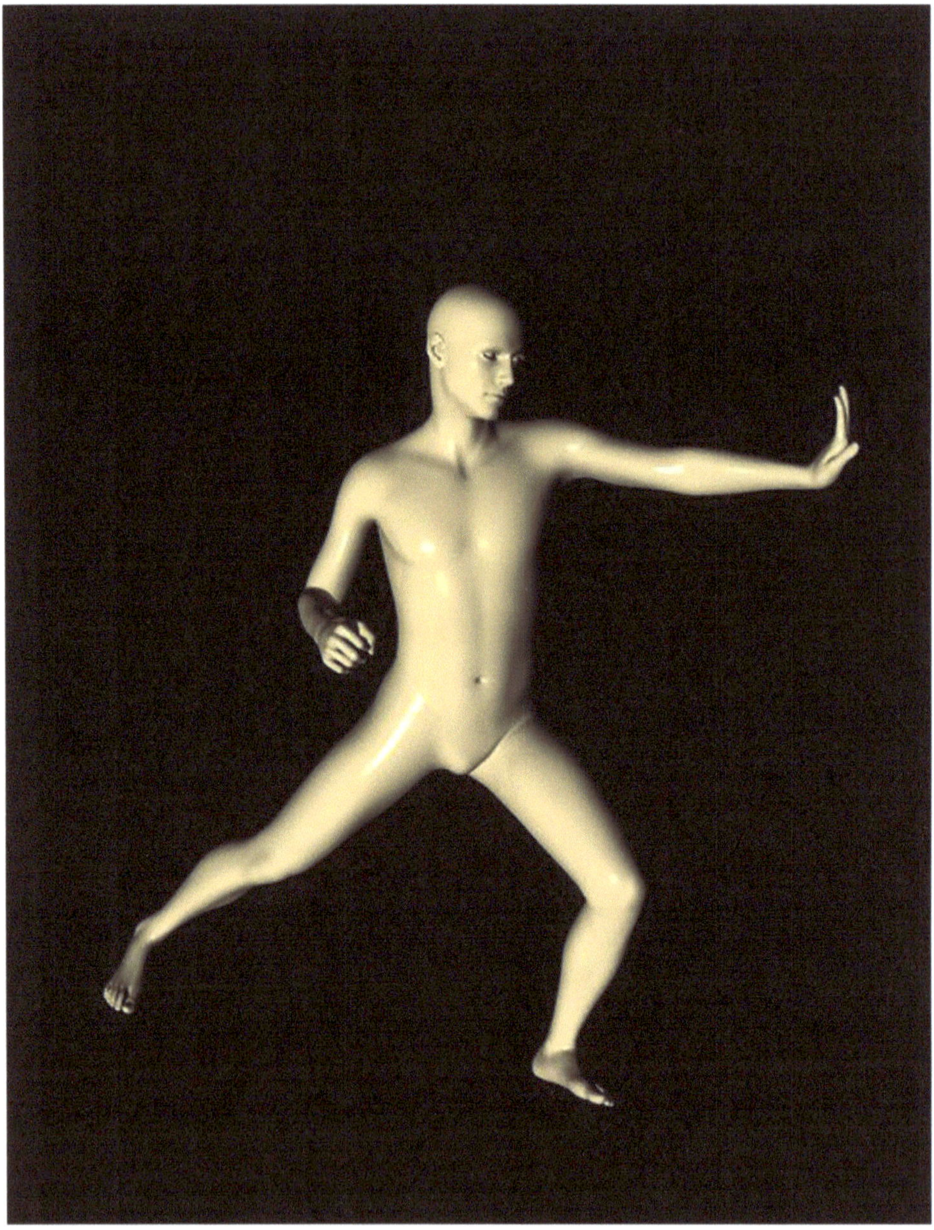

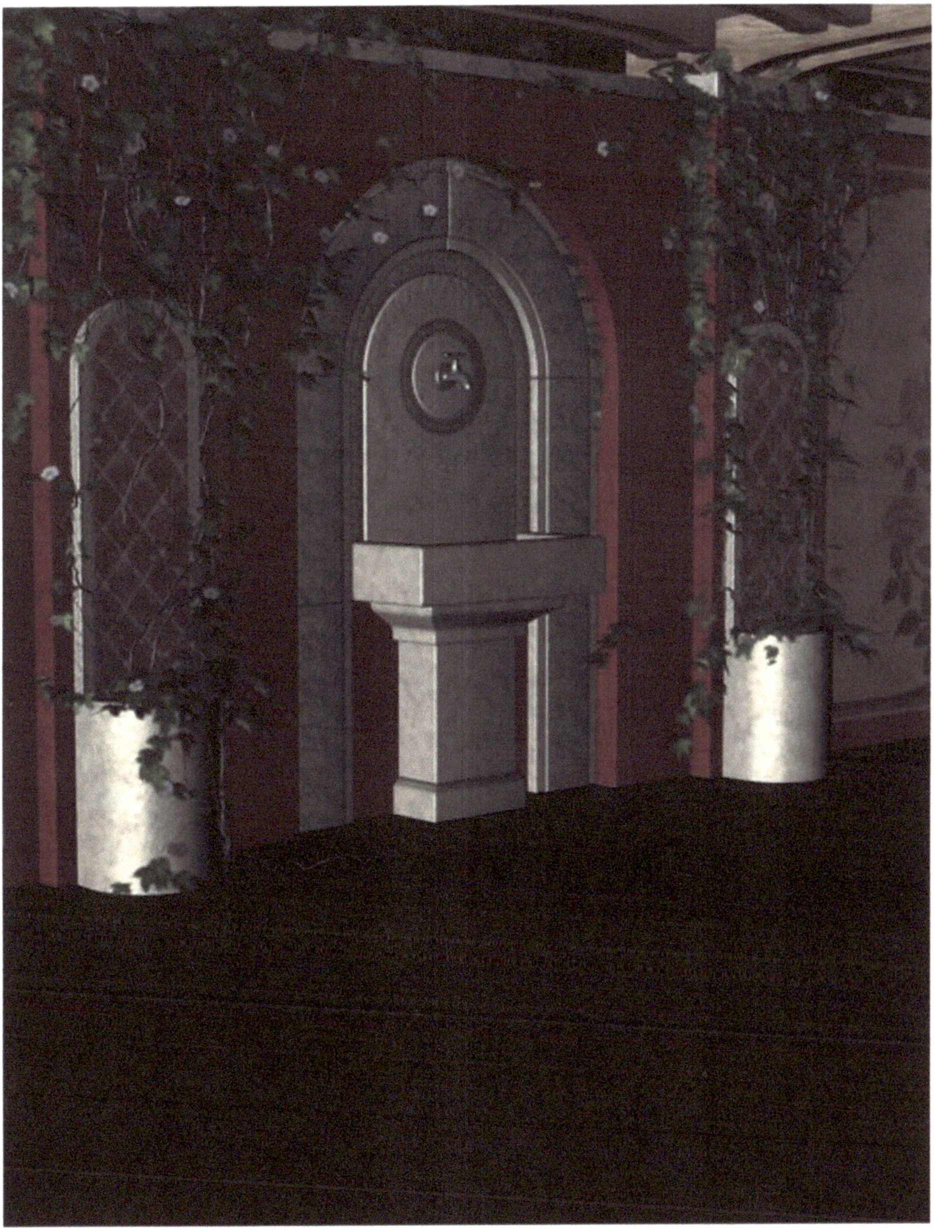

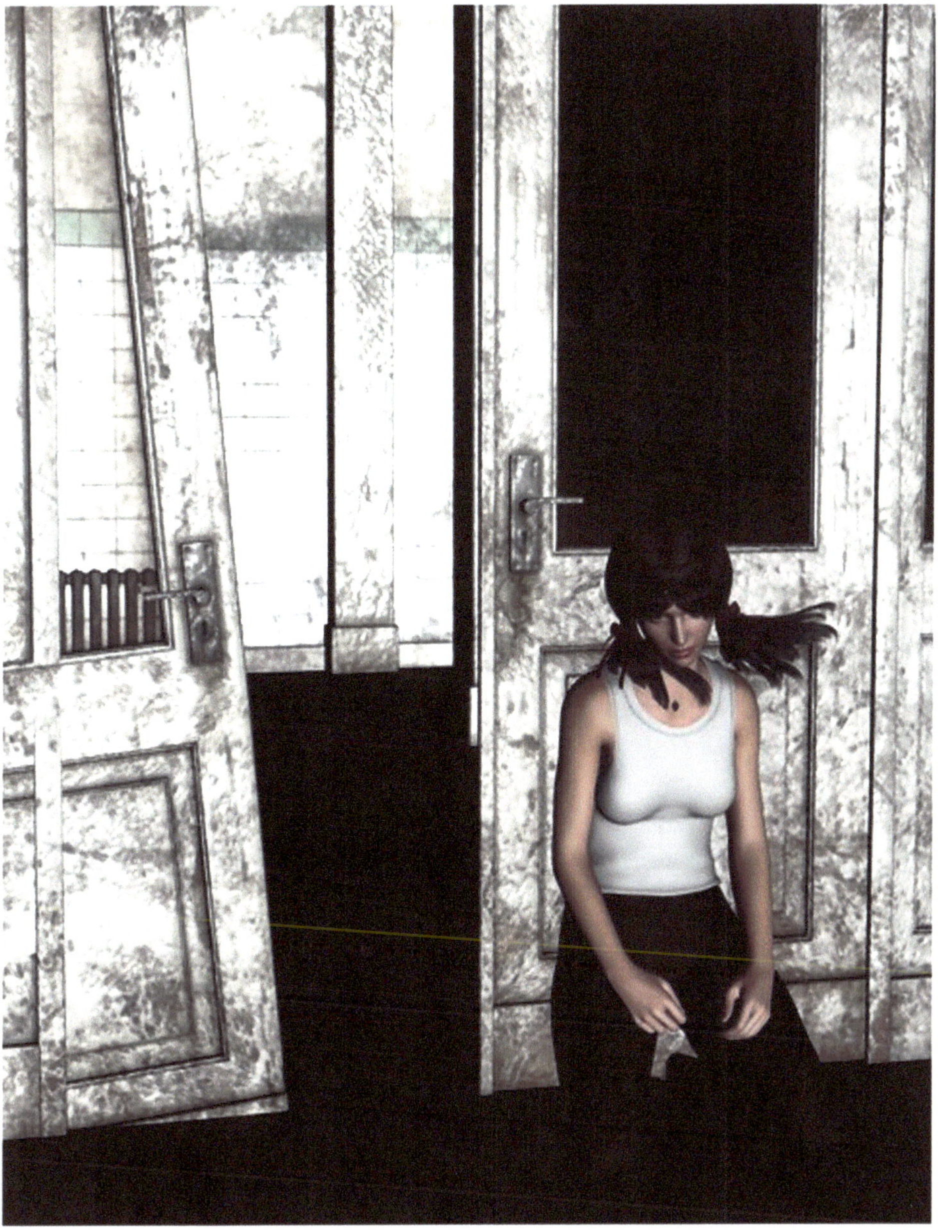

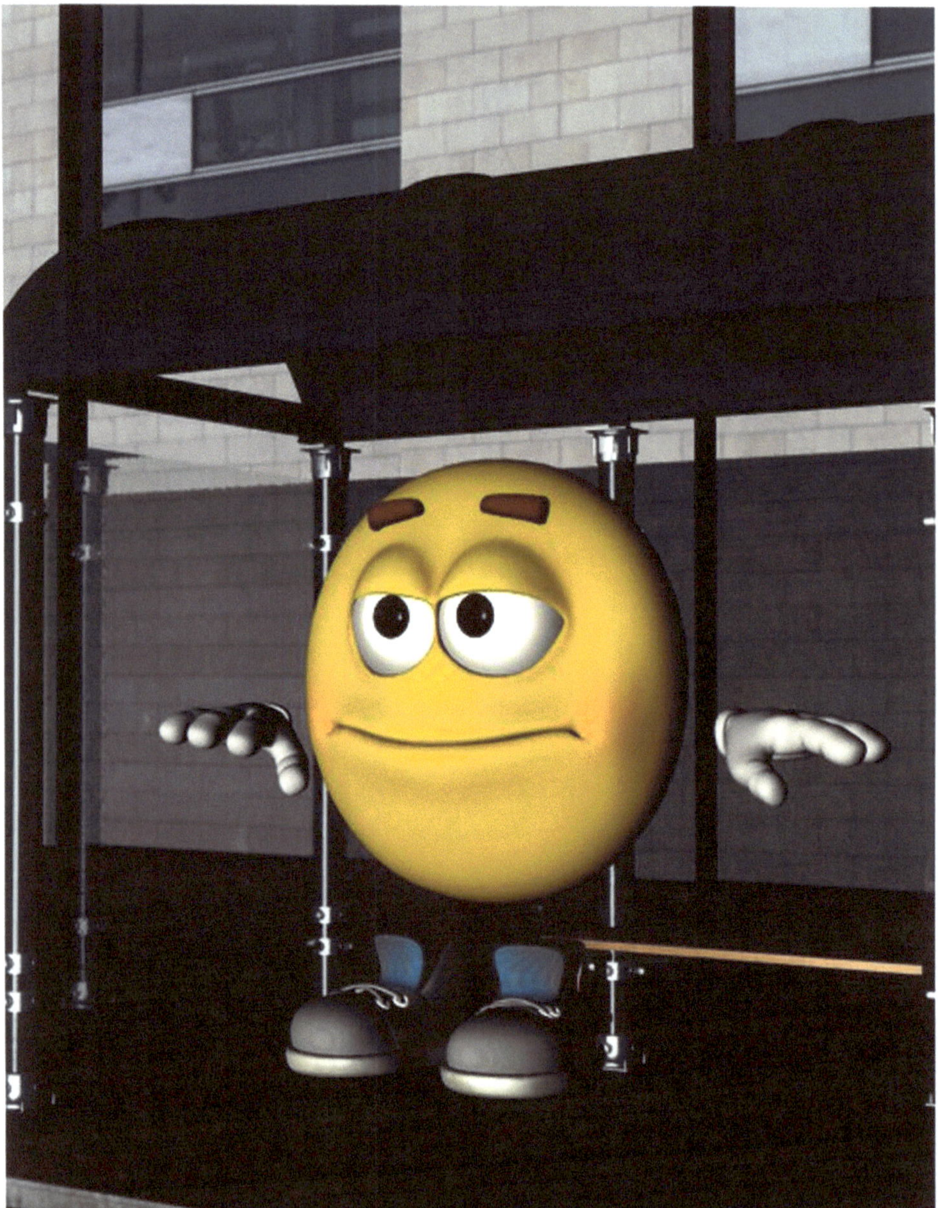

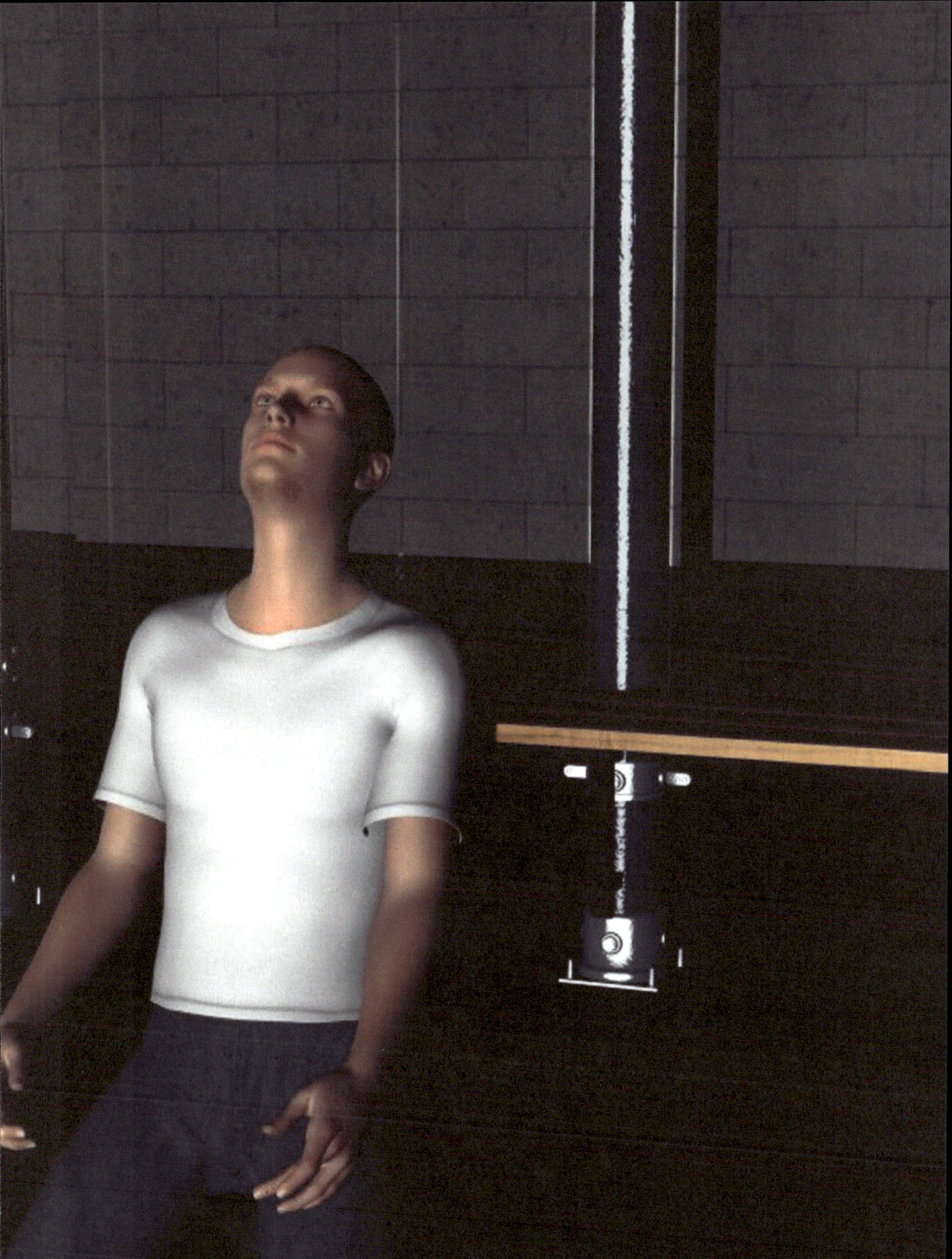

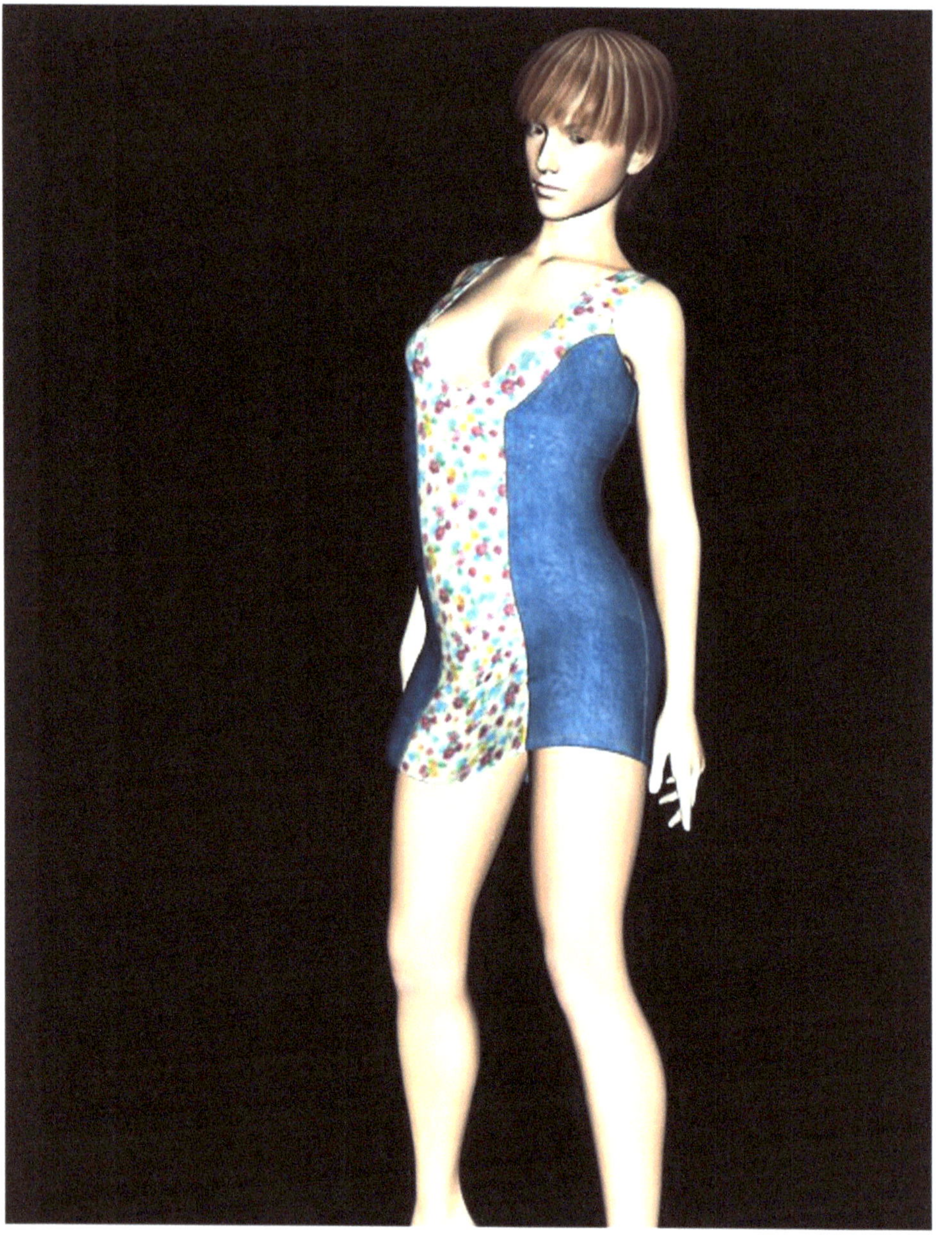

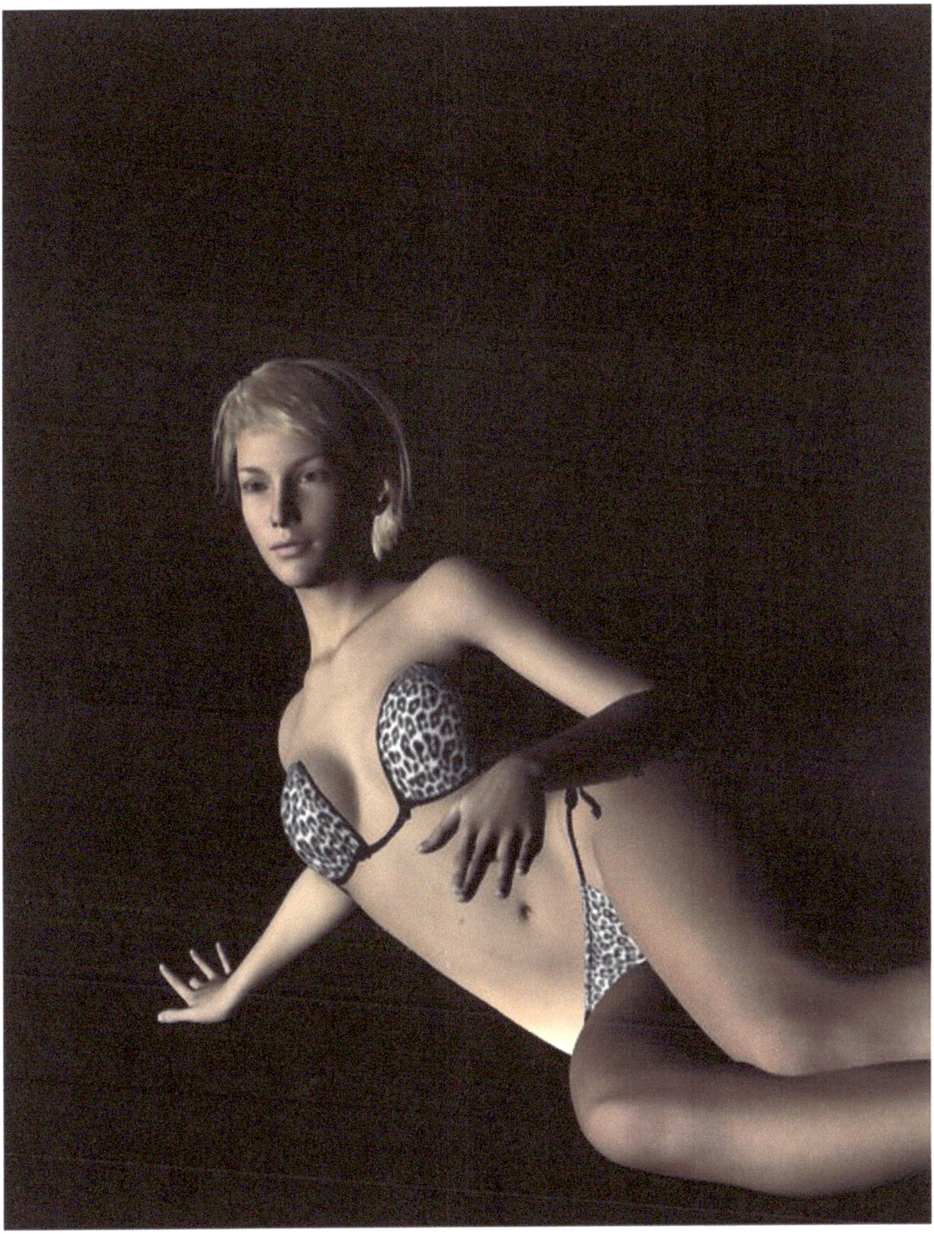

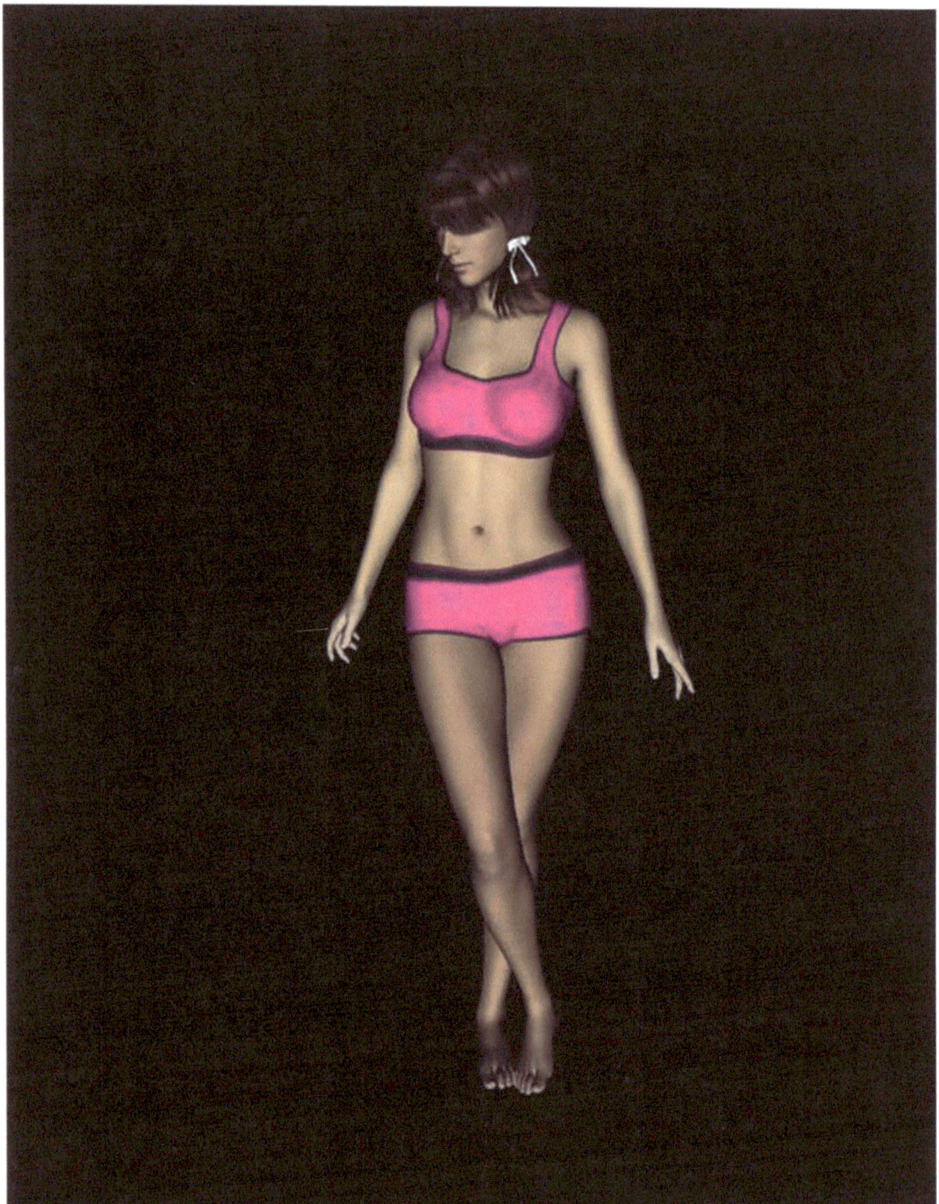

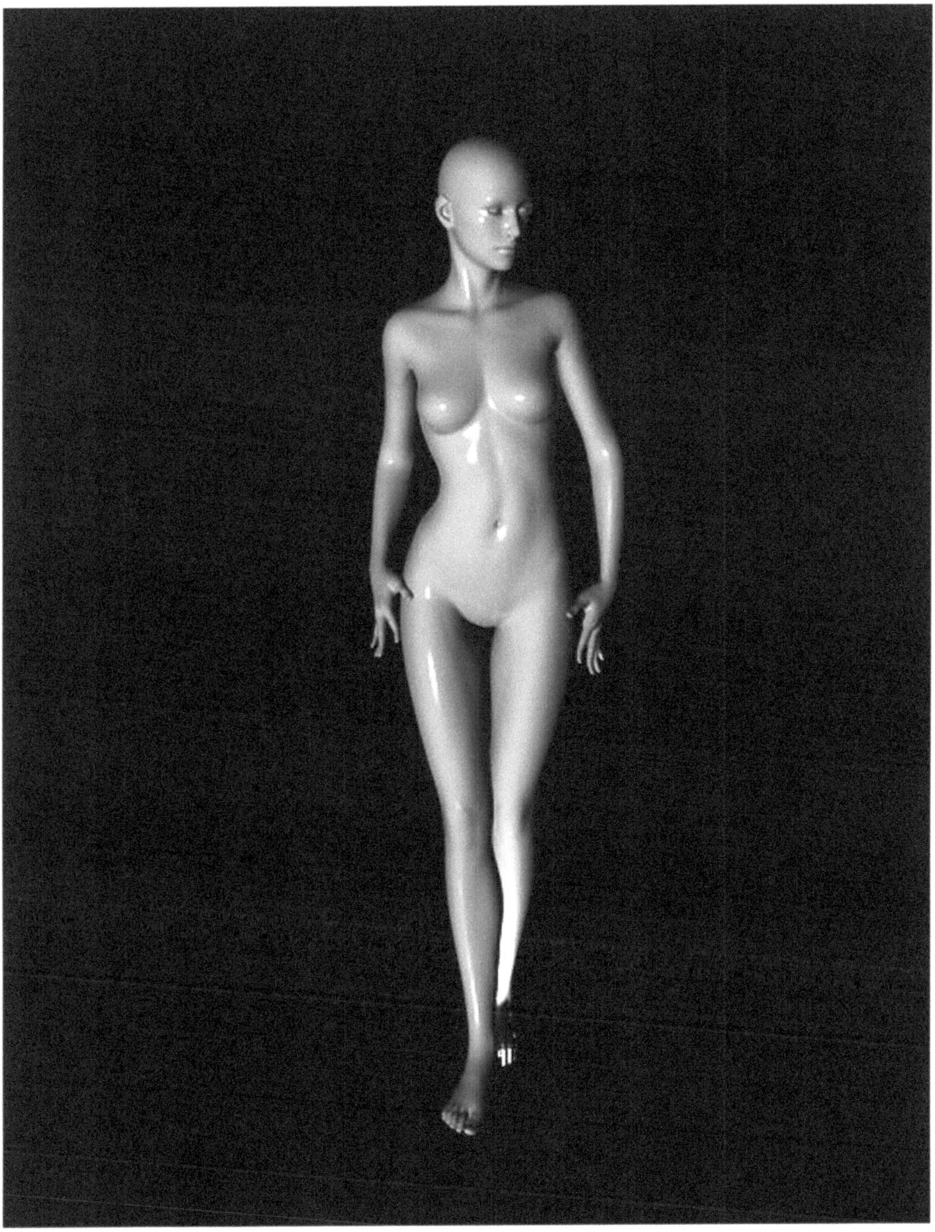

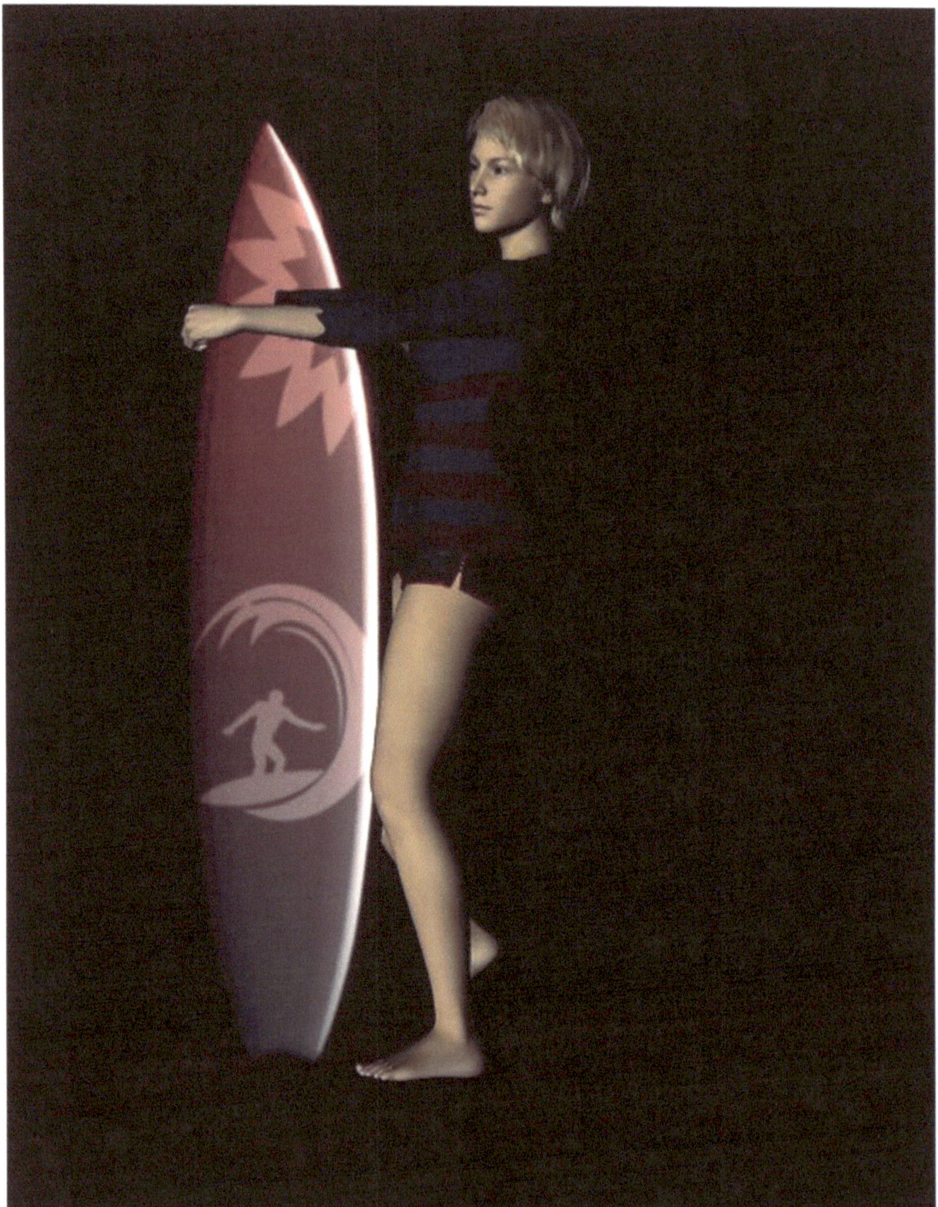

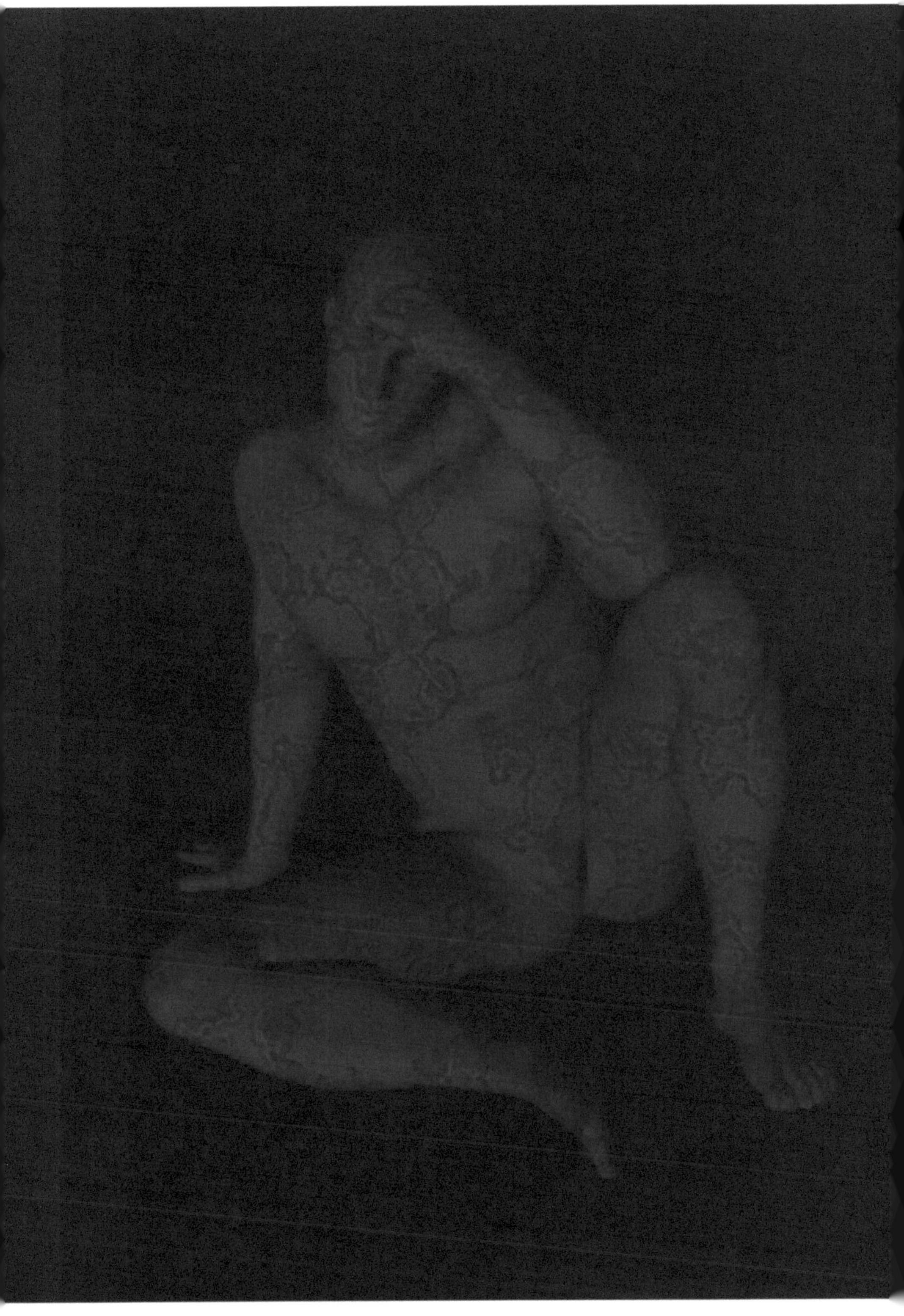

www.ingramcontent.com/pod-product-compliance
Lightning Source LLC
Chambersburg PA
CBHW041623180526
45159CB00002BC/985
* 9 7 8 1 5 4 0 5 4 5 5 9 6 *